Felix Hess
Ökumene im 21. Jahrhundert

FELIX HESS

Ökumene

im 21. Jahrhundert

Ein Resümee

© 2017 Felix Hess
Satz und Layout: Buch&media GmbH, München
Herstellung und Verlag: BoD – Books on Demand
ISBN 978-3-7448-4463-5
Printed in Germany

Inhalt

Vorwort

Auf keinen Fall kann die kirchliche Einheit durch theologische Kompromisse, etwa durch Ausklammerung der als unerheblich betrachteten katholischen Wahrheiten, zum Beispiel der von der Urkirche her stammenden Einheit des Amtes oder der Stellung der Frau im Heilswerk gewonnen werden. Denn alle aus der Catolica ausgetretenen Gemeinschaften beruhen, soweit sie getrennt sind, auf mehr oder weniger einschneidenden Negationen von Elementen, die zur organischen Einheit der Glaubensüberlieferung gehören. Dass die von ihnen subtrahierten Momente wirklich zur Einheit gehören, dies den anderen in christlicher Liebe zu zeigen, fordert das theologische Feingefühl, aber auch die ethische Haltung des Katholiken. Er muss zeigen können, dass die strittigen Dinge einen zwar relativen, aber unverzichtbaren Bestandteil des apostolischen Credo bilden. Nicht durch Abschaffung der marianischen Dogmen oder durch Leugnung der apostolischen Sukzession stellt man die Einheit mit protestantischen Christen her, sondern durch die rechte Einordnung dieser Wahrheiten in das übergreifende christologisch-trinitarische Ganze. Nicht durch Preisgabe des wahren Primats des Nachfolgers Petri erzielt man Einigung mit der Orthodoxie, sondern durch dessen glaubwürdige Darlegung im Geist des Evangeliums.

Erklärung über die Religionsfreiheit

Die heilige Synode bekennt: Gott selbst hat dem Menschengeschlecht Kenntnis gegeben von dem Weg, auf dem die Menschen, ihm dienend, in Christus erlöst und selig werden können. Diese einzig wahre Religion, so glauben wir, ist verwirklicht in der katholischen, apostolischen Kirche, die von Jesus dem Herrn den Auftrag erhalten hat, sie unter allen Menschen zu verbreiten. Er sprach zu den Aposteln: »Gehet hin, und lehret alle Völker, taufet sie im Namen des Vaters und des Sohnes und des Heiligen Geistes, und lehrt sie alles halten, was ich euch geboten habe« (Mt. 28, 19–20). Alle Menschen sind ihrerseits verpflichtet, die Wahrheit, besonders in dem, was Gott und seine Kirche angeht, zu suchen und die erkannte Wahrheit aufzunehmen und zu bewahren.

Allgemeine Grundlegung

Das Vatikanische Konzil erklärt, dass die menschliche Person das Recht auf religiöse Freiheit hat. Diese Freiheit besteht darin, dass alle Menschen frei sein müssen von jedem Zwang sowohl vonseiten Einzelner wie gesellschaftlicher Gruppen, wie jeglicher menschlicher Gewalt, sodass in religiösen Dingen niemand gezwungen wird, gegen sein Gewissen zu handeln, noch daran gehindert wird, privat und öffentlich, als einzelner oder in Verbindung mit anderen – innerhalb der gebührenden Grenzen – nach seinem Gewissen zu handeln. Ferner erklärt das Konzil, das Recht auf religiöse Freiheit sei in Wahrheit in der Würde der menschlichen Person selbst begründet, so wie sie durch das geoffenbarte Wort Gottes und durch die Vernunft selbst erkannt wird.

Im Licht der Offenbarung

W as das Vatikanische Konzil über das Recht des Menschen auf religiöse Freiheit erklärt, hat seine Grundlage in der Würde der Person, deren Forderungen die menschliche Vernunft durch die Erfahrung der Jahrhunderte vollständiger erkannt hat. Jedoch hat diese Lehre von der Freiheit ihre Wurzeln in der göttlichen Offenbarung, weshalb sie von Christen um so gewissenhafter beobachtet werden muss. Denn obgleich die Offenbarung das Recht auf Freiheit von äußerem Zwang in religiösen Dingen nicht ausdrücklich lehrt, lässt sie doch die Würde der menschlichen Person in ihrem ganzen Umfang ans Licht treten. Sie zeigt, wie Christus die Freiheit des Menschen in Erfüllung der Pflicht, dem Wort Gottes zu glauben, beachtet hat, und belehrt uns über den Geist, den die Jünger eines solchen Meisters anerkennen und dem sie in allem Folge leisten sollen. All dies verdeutlicht die allgemeinen Prinzipien, auf welche die Lehre dieser Erklärung über die Religionsfreiheit gegründet ist. Besonders ist die religiöse Freiheit in der Gesellschaft völlig im Einklang mit der Freiheit des christlichen Glaubensaktes.

Dekret über den Ökumenismus

Die Lehre des Konzils über das Verhältnis der katholischen Kirche zu den nichtkatholischen Kirchen und Christen auch der Ostkirchen über den Ökumenismus ist in der dogmatischen Konstitution enthalten. Die Einheit aller Christen wiederherstellen zu helfen ist eine der Hauptaufgaben des Heiligen Ökumenischen Zweiten Vatikanischen Konzils. Denn Christus der Herr hat eine einige und einzige Kirche gegründet, und doch erheben mehrere christliche Gemeinschaften vor den Menschen den Anspruch, das wahre Erbe Jesu Christi darzustellen. Sie alle bekennen sich als Jünger des Herrn, aber sie weichen in ihrem Denken voneinander ab und gehen verschiedene Wege, als ob Christus selbst geteilt wäre. Eine solche Spaltung widerspricht aber ganz offenbar dem Willen Christi, sie ist ein Ärgernis für die Welt und ein Schaden für die heilige Sache der Verkündigung des Evangeliums vor allen Geschöpfen.

Katholische Prinzipien

Darin ist unter uns die Liebe Gottes erschienen, dass der eingeborene Sohn Gottes vom Vater in die Welt gesandt wurde, damit er, Mensch geworden, aus Maria der Jungfrau, das ganze Menschengeschlecht durch die Erlösung zur Wiedergeburt führe und in eins versammle. Bevor er sich selbst auf dem Altar des Kreuzes als makellose Opfergabe darbrachte, hat er für alle, die an ihn glauben, zum Vater gebetet, »dass alle eins seien, wie Du, Vater in mir, und ich in Dir, dass auch sie in uns eins seien: damit die Welt glaubt, dass Du mich gesandt hast« (Joh. 17, 21). Und er hat in seiner Kirche das wunderbare Sakrament der Eucharistie gestiftet, durch das die Einheit der Kirche bezeichnet und bewirkt wird. Seinen Jüngern hat er das neue Gebot der gegenseitigen Liebe gegeben und den Geist, den Beistand verheißen, der als Herr und Lebensspender in Ewigkeit bei ihnen bleiben sollte.

Praktische Verwirklichung

Die Sorge um die Wiederherstellung der Einheit ist Sache der ganzen Kirche, sowohl der Gläubigen wie auch der Hirten, und geht einen jeden an, je nach seiner Fähigkeit, sowohl in seinem täglichen christlichen Leben wie auch bei theologischen und historischen Untersuchungen. Diese Sorge macht schon einigermaßen deutlich, dass eine brüderliche Verbindung zwischen allen Christen schon vorhanden ist. Sie ist es, die schließlich nach dem gnädigen Willen Gottes zur vollen und vollkommenen Einheit hinführt.

Getrennte Kirchen und kirchliche Gemeinschaften

Zwei besondere Kategorien von Spaltungen, die eintraten, sind ins Auge zu fassen. Die erste dieser Spaltungen geschah im Orient, und zwar entweder aufgrund einer dogmatischen Bestreitung von Glaubensformeln der Konzilien von Ephesos und Chalcedon oder, in späterer Zeit, durch die Aufhebung der kirchlichen Gemeinschaft zwischen den Patriarchaten des Orients und dem Römischen Stuhl. Andere Spaltungen entstanden sodann mehr als vier Jahrhunderte später im Abendland aufgrund von Ereignissen, die man die Reformation nennt. Seither sind mehrere nationale oder konfessionelle Gemeinschaften vom Römischen Stuhl getrennt. Unter denjenigen von ihnen, bei denen katholische Traditionen und Strukturen zum Teil fortbestehen, nimmt die Anglikanische Gemeinschaft einen besonderen Platz ein.

Besondere orientalische Kirchen

Die Kirchen des Orients und des Abendlandes sind Jahrhunderte hindurch je ihren besonderen Weg gegangen, jedoch miteinander verbunden in brüderlicher Gemeinschaft des Glaubens und des sakramentalen Lebens, wobei dem Römischen Stuhl mit allgemeiner Zustimmung eine Führungsrolle zukam, wenn Streitigkeiten über Glaube oder Disziplin unter ihnen entstanden. Mit Freude möchte die heilige Synode neben anderen sehr bedeutenden Dingen allen die Tatsache in Erinnerung rufen, dass im Orient viele Teilkirchen oder Ortskirchen bestehen, unter denen die Patriarchalkirchen den ersten Rang einnehmen und von denen nicht wenige sich ihres apostolischen Ursprungs rühmen. Deshalb steht bei den Orientalen bis auf den heutigen Tag der Eifer und die Sorge im Vordergrund, jene brüderliche Bande der Gemeinschaft im Glauben und in der Liebe zu bewahren, die zwischen Lokalkirchen als Schwesterkirchen bestehen müssen: Es darf ebenfalls nicht unerwähnt bleiben, dass die Kirchen des Orients von Anfang an einen Schatz besitzen, aus dem die Kirche des Abendlandes in den Dingen der Liturgie, in ihrer geistlichen Tradition und in der rechtlichen Ordnung vielfach geschöpft hat. Auch das darf in seiner Bedeutung nicht unterschätzt werden, dass die Grunddogmen des christlichen Glaubens von der Dreifaltigkeit und von dem Wort Gottes, das aus der Jungfrau Maria Fleisch angenommen hat, auf ökumenischen Konzilien definiert worden sind, die im Orient stattgefunden haben. Jene Kirchen haben für die Bewahrung dieses Glaubens viel gelitten und leiden noch heute.

Getrennte kirchliche Gemeinschaften im Abendland

Die Kirchen und kirchlichen Gemeinschaften, die in der schweren Krise, die im Abendland schon vom Ende des Mittelalters ihren Ausgang genommen hat, oder auch in späterer Zeit vom Römischen Apostolischen Stuhl getrennt wurden, sind mit der katholischen Kirche durch das Band besonderer Verwandschaft verbunden, da ja das christliche Volk in den Jahrhunderten der Vergangenheit so lange Zeit sein Leben in kirchlicher Gemeinschaft geführt hat. Dabei muss jedoch anerkannt werden, dass es zwischen diesen Kirchen und Gemeinschaften und der katholischen Kirche Unterschiede von großem Gewicht gibt, nicht nur in historischer, soziologischer, psychologischer und kultureller Beziehung, sondern vor allem in der Interpretation der geoffenbarten Wahrheit. Wir wenden uns zuerst den Christen zu, die Jesus Christus als Gott und Herrn und einzigen Mittler zwischen Gott und den Menschen offen bekennen. Zur Ehre des einen Gottes, des Vaters und des Sohnes und des heiligen Geistes. Es bestehen zwar nicht geringe Unterschiede gegenüber der Lehre der katholischen Kirche, insbesondere über Christus als das fleischgewordene Wort Gottes und über das Werk der Erlösung, sodann über das Geheimnis und den Dienst der Kirche und über die Aufgabe Mariens im Heilswerk. Dennoch ist Freude angebracht, wie die getrennten Brüder und Schwestern zu Christus als Quelle und Mittelpunkt der kirchlichen Gemeinschaft streben. Während die von uns getrennten Christen die göttliche Autorität der heiligen Schrift bejahen, habe sie jedoch, jeder wieder auf andere Art, eine von uns verschiedene Auffassung von dem Verhältnis zwischen der Schrift und der Kirche, wobei nach dem katholischen Glauben das authentische Lehramt bei der Erklärung und Verkündigung des geschriebenen Wortes Gottes einen besonderen Platz einnimmt. Obgleich bei den von uns getrennten kirchlichen Gemeinschaften die aus der Taufe hervorgehende volle Einheit fehlt und obgleich sie nach unserem Glauben vor allem wegen des Fehlens des Weihesakraments die ursprüngliche und vollständige Wirklichkeit des eucharistischen Mysteriums nicht bewahrt haben, bekennen sie doch bei der Gedächtnisfeier des Todes und der Auferstehung des Herrn, dass hier die lebendige Gemeinschaft mit Christus bezeichnet werde, und sie erwarten seine glorreiche Wiederkunft.

Gerechtigkeit und Rechtfertigung nach der Schrift

Auf die Frage nach der Bedeutung der Gnade und des Heils in der Gegenwart antworten das Alte und das Neue Testament mit sehr unterschiedlichen Bildern und Begriffen. Die Heilige Schrift spricht von Leben, Licht, Friede, Freiheit, Gerechtigkeit, Versöhnung, Heiligung, Erlösung, Wiedergeburt. Aus der Fülle dieser Bilder und Begriffe wurden durch den Einfluss des heiligen Augustinus und noch mehr durch die Reformation besonders die Begriffe Gerechtigkeit und Rechtfertigung wichtig. Rechtfertigung und Heiligung des Menschen wurden durch die Reformation des 16. Jahrhunderts zur Schicksalsfrage, an der die Einheit der abendländischen Christenheit zerbrach. Für die Reformation war die Rechtfertigungslehre der Artikel, mit dem die Kirche steht und fällt.

Die katholische Lehre von der Rechtfertigung

Die Lehre von der Rechtfertigung ist heute für die meisten Christen nur sehr schwer zu verstehen. Es wird darauf ankommen, die alten Formeln aufzubrechen und ihren sachlichen Gehalt neu herauszustellen. Im Grunde geht es dabei um die Grundlagen der christlichen Existenz. Die Botschaft von der Gnade ist ja in gewissem Sinn der Inbegriff des ganzen Christentums. Da die Rechtfertigung eine innere Erneuerung des Menschen ist, muss sie sich in einem neuen Leben auswirken. Mit dem bloßen Glauben ist es nicht getan. Der Glaube, der das ganze Leben auf Gott und seine Gnade gründet, wird ganz von Gott und seinem Willen in Anspruch genommen. So erweist sich das neue Leben im Halten der Gebote. Christliche Existenz ist Existenz im Gehorsam gegenüber dem Willen Gottes.

Übereinkunft bei der Rechtfertigung

Wenn wir heute nach 500 Jahren auf die Auseinandersetzung des 16. Jahrhunderts über die Rechtfertigungslehre zurückschauen, dann müssen wir feststellen: Es ging damals um Fragen, die bleibende Fragen der Christen sind. Es wäre nicht gut um uns bestellt, würden uns diese Fragen heute nichts mehr bedeuten. Freilich spüren wir heute auch deutlich den Abstand der Zeit. Sowohl die Reformatoren wie auch die Väter des Trienter Konzils waren Kinder ihrer Zeit, und sie sprachen die Sprache ihrer Zeit. Die katholische Seite von der Denk- und Sprechweise der mittelalterlichen Scholastik verpflichtet. Luther war in vielem von der Problematik des späten Mittelalters geprägt. Doch was in jener Zeit, da die Einheit zerbrach, von beiden Seiten gesagt wurde, sehen wir heute, da sich die Konfessionen wieder aufeinander zubewegen, ruhiger und sachlicher.

Gemeinschaft in der Wahrheit: Die Kirche

Christus, der die Kirche, die universale Gemeinschaft aller Getauften gegründet hat, ist weiterhin tätig, um sie aufzubauen, zu belehren und sie zu ernähren, mit seinem Wort, das in der Schrift enthalten und im Licht des Heiligen Geistes in der Überlieferung verkündet wird. Zwar ist die Kirche eine Institution, die von Gott ein für allemal gegründet worden ist und bis zum künftigen Gottesreich dauern wird. Aber sie wird im Ereignis der Überlieferung der in der Heiligen Schrift enthaltenen Wahrheit durch das lebendige Gotteswort neu beseelt und bestärkt.

Die Kirche ist das »Hauswesen Gottes, die Säule und das Fundament der Wahrheit« (1 Tim 3,15). Als solche kann sie das in der Heiligen Schrift enthaltene Gotteswort am wahrsten entgegennehmen und verkünden. Aber kein persönliches Urteil kann Anspruch auf Wahrheit erheben, wenn es nicht mit dem universalen Urteil der Kirche übereinstimmt. Die Überlieferung der Kirche ist die Norm zu einer richtigen Interpretation des Gotteswortes, denn der Heilige Geist gibt der Gesamtkirche den echten Sinn für die Heilige Schrift. Heiliger Geist und Gotteswort unterstützen die Kirche bei der Wahrheitsverkündigung. Die Leitung und Unterstützung der Kirche durch den Heiligen Geist und das Wort Gottes traten zum ersten Mal bei den Aposteln zutage. Dieser Apostelauftrag hat einen einmaligen, einzigartigen Charakter: Nur die Apostel und ihre unmittelbaren Nachfolger waren inspiriert, um das Wort Gottes zu übermitteln. Sie waren die Grundlage der Kirche. Darum ist ihre Lehre heute noch lebendig und aktuell. Dieser von Christus erteilte Apostelauftrag hat mehr einen dauernden, übertragbaren Charakter: Die Amtsräger der Kirche, welche sie zu leiten und die Glaubenslehre zu behüten haben, sind an diesem Apostolatsauftrag beteiligt. So wird die universale Gemeinschaft der Kirche im Lauf ihrer Geschichte gelenkt und belehrt.

Dass es in der Kirche Amtsträger gibt, die eine besondere Aufgabe haben, die Kirche zu leiten und die Glaubenslehre zu behüten, besagt nicht, dass das Volk der Glaubenden sich passiv zu verhalten habe. Das Umfeld, worin die Wahrheit verstanden und verkündet wird, ist der ganze kirchliche »Leib Christi«. Zwar sind die Theologen besonders beauftragt, die Heilige Schrift zu ergründen, die Bischöfe besonders beauftragt, unter der Leitung des Papstes die Glaubenslehre wahrheitsgetreu zu erhalten. Aber jeder mit der universalen Gemeinschaft der Kirche in Einheit stehende Christ ist an der Vertiefung der Wahrheitserkenntnis und an der Bewahrung des »anvertrauten kostbaren Gutes« beteiligt (2 Tim 1,14).

In einigen Zeitpunkten ihrer Geschichte, wenn sie durch falsche Lehren bedroht ist oder das Bedürfnis hat, ihrer Wahrheitsverkündigung wieder neu Licht zu geben, kommt die Kirche zu einem Konzil zusammen. Auf ihm wird die ganze universale Gemeinschaft durch ihre Verantwortlichen vertreten, durch die vom Nachfolger des Petrus, vom Papst einberufenen Bischöfe und Verantwortlichen, und sucht nach einer richtigen Formulierung der einen Wahrheit. Die Entscheide eines ökumenischen Konzils verpflichten die ganze universale Gemeinschaft der Kirche dazu, die Konzilsaussagen über das Wort Gottes für wahr zu halten.

Der Ort der Wahrheit: Die Heilige Schrift

Die christliche Religion ist ihrem Wesen und ihrer Grundlage nach eine Beziehung zwischen dem Menschen und Gott, zu der Gott allein die Initiative ergreift, der zum Menschen gesprochen und mit dem Menschen gesprochen und mit dem Menschen gelebt hat und lebt. Somit ist sie eine geschichtliche Religion, die auf einer Geschichte beruht, auf der heiligen Geschichte der Beziehungen zwischen Gott und dem Menschen. Und diese Geschichte wird bezeugt durch heilige Dokumente, die Heilige Schrift.

Die Heilige Schrift enthält erstens eine Sammlung von Texten, die das vor der Ankunft Christi ergangene Wort Gottes bezeugen: das alte Testament. Diese Texte berichten über die Anfänge der Welt und der Menschheit und über die Geschichte des Volkes Israel, des Volkes, das Gott sich erwählt hat, um in der Welt sein Wort zu verkünden. Sie wurden von Christus, dem menschgewordenen Gott, während seines Erdenlebens gelesen und gebetet. Deswegen sind diese alten Texte für uns durch die Autorität Christi gedeckt, die uns für ihren Charakter als göttliche Offenbarung bürgt. Dem Beispiel Christi folgend liest der Christ das Alte Testament und ist dabei gewiss, dass sich darin die Wahrheit über Gott und den Menschen findet, die in den Erzählungen über die Geschichte des Gottesvolkes enthalten ist.

Die zweite Textsammlung der Heiligen Schrift ist eine Gesamtheit geschichtlicher Zeugnisse über die Geschehnisse der Menschwerdung Gottes in Jesus Christus zur vollkommenen Erklärung der Menschheit. Die von Christus ausgewählten Apostel, die Augenzeugen seines Lebens, seines Todes und seiner Auferstehung, die aufmerksamen Zuhörer dessen, was er lehrte, und ihre unmittelbaren Nachfolger schrieben Evangelien und Briefe. Als Säulen der Kirche hatten sie von Christus die Verheissung erhalten, dass ihnen der Heilige Geist geschenkt werde, der ihnen die Taten und Worte ihres Meisters in Erinnerung rufen werde. Es waren die Autoren des Neuen Testaments: »Er wird euch in die ganze Wahrheit führen« (Joh. 14,26; 16,13).

Die geschichtlichen Fakten und Worte des Lebens Christi wurden von den

Aposteln und ihren Nachfahren interpretiert. Weil vom Heiligen Geist in die ganze Wahrheit eingeführt, konnten sie eine erste, authentische Interpretation von dem vorlegen, was sie gesehen und gehört hatten. Diese apostolische Interpretation ist, wie das Zeugnis über die Geschehnisse und Worte des Lebens Christi, inspiriert. Sie findet sich in den Briefen, aber auch Evangelien, die uns über Geschehnisse und Worte in einer ersten Interpretation der Evangelisten berichten. So ist die Heilige Schrift die Stätte der Wahrheit. Sie ist die Wahrheit in ihrer Urfülle.

Die Verkündigung der Wahrheit: Die Überlieferung

Das in der Heiligen Schrift, die in der Kirche gelesen und verkündet wird, enthaltene Gotteswort äußert sich im Leben der Kirche als Überlieferung. Die Überlieferung ist das Leben des Gotteswortes in der Kirche, der Akt, worin die Kirche das Wort übermittelt, und das, was sich aus dem Leben und diesem Akt ergibt. Die Taten und Worte Christi wurden vor allem in mündlicher Weitergabe übermittelt. Nach und nach erschienen die Schriften, die zum Neuen Testament zusammengestellt wurden. Aber diese Schriften schlossen die Überlieferung, aus der sie hervorgegangen waren, nicht ab. Es war ganz natürlich, dass sich die Kirche auf die inspirierten Schriften bezog, um ihre lebendige Überlieferung zu rechtfertigen. Die Überlieferung übermittelte den Geist der Apostelfamilie, um das in den maßgebenden inspirierten Texten enthaltene Wort Gottes authentisch zu interpretieren.

Die beiden großen Glaubensbekenntnisse, das apostolische und das von Nizäa-Konstantinopel, sowie auch die Dogmen über die Dreifaltigkeit und Christus, die in Nizäa (325), in Konstantinopel (381), in Ephesus (431) und in Chalzedon (451) definiert wurden, wurden vom größten Teil der Christen anerkannt. Auf dem Zweiten Vatikanischen Konzil wurden diese zum Zeichen brüderlicher Gemeinschaft und der Hoffnung auf Einheit durch Beobachter vertreten.

Pantokrator. Mosaik »Hagia Sofia« (Heilige Weisheit), Istanbul. In christlicher
Tradition ist vor allem Jesus Christus damit gemeint.

Eine apostolische Kirche

Die Kirche ist die allumfassende Gemeinschaft derjenigen Menschen, die im Glauben und durch die Taufe mit Christus verbunden sind und in einem Leben verharren wollen, das sich vom Gotteswort und von den Sakramenten nährt und der Bezeugung des Evangeliums und dem liebenden Dienst an ihm geprägt ist. Die Kirche führt das Wirken Christi auf Erden weiter, von ihm eingesetzt, ist sie bis zu seiner Wiederkunft das Heilwerkzeug Gottes in der Welt.

Die Kirche wurde von Christus in drei Hauptetappen gegründet. Erstens hat Jesus zwölf Apostel zusammengebracht, damit sie Zeugen seines Erdenlebens, seines Todes und seiner Auferstehung seien. Die Gruppe der Zwölf ist der Urkern der Kirche als des Volkes, das in Kontinuität zu dem aus zwölf Stämmen bestehenden Israel steht, und als der Institution, die das Wort Christi und die Sakramente seiner Gegenwart und seines Wirkens übermitteln. Die Zwölf repräsentieren gleichzeitig die Kirche als Volk, und die Kirche als Institution, das Dienstamt. In ihnen sind alle Laien und alle Diener der Kirche vertreten. Die Laien als Jünger und Zeugen, die Diakone als Diener des Wortes und der Sakramente, die mit dem Bischof von Rom vereinten Bischöfe als gemeinsame Hirten der Gesamtkirche und besondere Hirten einer Ortskirche.

Sodann entstand die Kirche zu Füßen des Kreuzes aus dem Geist des Gekreuzigten und dem für die Erlösung des Menschen vergossenen Blut. Sie erschien damals in der Gestalt Marias als »Mutter der Kirche«, als Mutter des im heiligen Johannes versinnbildlichten Lieblingsjünger Christi. Schließlich trat die Kirche an Pfingsten unter der Macht des Heiligen Geistes in ihrer universalen Sendung zutage. So wurde die Kirche von Christus gegründet als Körperschaft der Apostel, als Mutter der Glaubenden und als Werkzeug des Heiligen Geistes, zur Verkündigung des Evangeliums auf der ganzen Welt.

Als Heilswerkzeug Gottes auf Erden, als Gemeinschaft des Gottesvolkes, als Leib Christi und Braut Christi ist die Kirche eine. Alle Getauften sind im und demselben Gottesvolk eingegliedert, um ihren einzigen Herrn zu bezeugen. Diese Einheit aller Getauften muss sichtbar zum Ausdruck kommen in der Einheit des grundlegenden Glaubens und des sakramentalen Lebens.

Die Kirche ist apostolisch, denn sie ist sich bewusst, dass sie im Grunde mit der Kirche der Apostel Christi identisch ist, wie diese sich uns in der Heiligen Schrift zeigt. Die Kirche ist apostolisch wegen ihrer Treue zur Heiligen Schrift, die auch im Lauf der Jahrhunderte im Sinn der apostolischen Überlieferung verstanden wird. Sie ist apostolisch, weil sie die von Christus eingesetzten und von den Aposteln gefeierten Sakramente vollzieht. Sie ist apostolisch, weil sie das Wirken im Dienst Christi ununterbrochen weiterführt. Sie ist apostolisch, weil sie missionarisch ist und weil sie bis zur Wiederkunft Christi das Evangelium allen Menschen immer wieder verkündet.

Die Jungfrau Maria in der Überlieferung

Gott hat Maria mit Gnade erfüllt, um sie darauf vorzubereiten, die heilige Mutter seines Sohnes zu werden. Diese reine Gnade kommt von Gott allein in seiner unendlichen Liebe zu den Menschen und zu Maria. Die katholische Kirche bekennt das Dogma der ohne Erbsünde empfangenen Gottesmutter Maria, das 1854 von Papst Pius IX. verkündet wurde: »Die seligste Jungfrau Maria wurde im ersten Augenblick ihrer Empfängnis durch die einzigartige Gnade und Bevorzugung des allmächtigen Gottes im Hinblick auf die Verdienste Jesu Christi, des Erlösers des Menschengeschlechts von jeglichem Makel der Urschuld unversehrt bewahrt.«

Maria wird von der ganzen Überlieferung Mutter Gottes genannt. Das Konzil von Ephesos (431) das diesen Titel zum Dogma erhob, wollte damit betonen, dass Christus ganz Gott und ganz Mensch ist. Jesus, der Sohn Marias, der Mutter Gottes, ist vom Augenblick seiner Empfängnis an wirklich Gott. In seiner Inkarnation nimmt es Gott auf sich, eine menschliche Mutter, Maria, zur Mutter zu haben. Denn er wurde voll und ganz Mensch. Maria war die Mutter des Messias. Ihre Freude äusserte sich im Magnifikat, ihrem Preisgesang. Worin sie sagt, dass alle Generationen sie selig preisen werden, weil der Herr an ihr Großes getan hat.

Die Katholische Kirche bekennt das Dogma der Aufnahme Marias in den Himmel, dass 1950 von Papst Pius XII. verkündet wurde: »Die unbefleckte Gottesgebärerin und immerwährende Jungfrau Maria wurde nach Vollendung des irdischen Lebenslaufs mit Leib und Seele in die himmlische Herrlichkeit aufgenommen.«

In der Enzyklika »Redemtoris Mater« schreibt der heilige Papst Johannes Paul II. im Abschnitt über den Ökumenismus: »Indessen ist es ein gutes Vorzeichen, dass die Kirchen und kirchlichen Gemeinschaften in grundlegenden Punkten des christlichen Glaubens, auch was die Jungfrau Maria betrifft, mit der Katholischen Kirche übereinstimmen. Sie erkennen sie ja als Mutter des Herrn an und sind davon überzeugt, dass dies zu unserem

Glauben an Christus gehört. Sie schauen auf sie, die zu Füssen des Kreuzes den Lieblingsjünger als ihren Sohn empfängt, der wiederum sie als Mutter erhält. Warum also nicht alle zusammen auf sie als unsere gemeinsame Mutter schauen, die für die Einheit der Gottesfamilie betet?«

Die Gemeinschaft der Heiligen

Die Gemeinschaft der Heiligen ist diese unermessliche Gemeinschaft aller Glaubenden auf Erden, die der sichtbaren Kirche bekannt oder unbekannt sind, aller Glaubenden, die beim Tod des Leibes in die Unsichtbarkeit gelangt sind, welche von der Bibel Himmel oder Paradies genannt wird. Die Gemeinschaft der Heiligen ist auch das verborgene geistliche Band, das alle Glaubenden aller Orte und aller Zeiten in einer Gemeinschaft des Gebets, des Lebens, der Freude und des Leids vereint.

Durch das Gotteswort, das uns Christus erkennen und lieben lässt, durch die Sakramente, die seine Gegenwart und sein Wirken in uns vollziehen, haben wir zu dieser Gemeinschaft der Heiligen Zugang. Die Einheit und die Gemeinschaft aller Glaubenden sind nur in Christus und durch das Wirken des Heiligen Geistes möglich. Somit können wir durch den Dienst, den Christus durch die Kirche und in der Kraft des Heiligen Geistes vollzieht, an den Schätzen der Gemeinschaft der Heiligen teilhaben.

Das Glaubensbekenntnis deutet diesen Dienst Christi in der Kirche durch die Erwähnung der Vergebung der Sünden an. Weil die Sünde unsere Gemeinschaft mit Gott behindert, wird durch die Sündenvergebung und das Erbarmen Gottes diese Gemeinschaft wiederhergestellt. Gott sieht uns als Sünder an, denen er volle Vergebung geschenkt hat, und lässt uns an den Segnungen der Gemeinschaft der Heiligen teilhaben.

Das Sakrament der Eucharistie in der Einheit

Die Eucharistie ist das Sakrament der realen Gegenwart und des heiligenden Wirkens Christi in seiner Kirche.

Die reale Gegenwart Christi in der Eucharistie ist die Gegenwart des gekreuzigten, auferstandenen und verherrlichten Christus, der in seiner Kirche und mit seiner Kirche das Erlösungswerk fortsetzt. Die reale Gegenwart ist die lebendige Gegenwart Jesu Christi, der für uns sein Erlösungswerk vergegenwärtigt, indem er sein einziges Opfer am Kreuz für uns zur Gegenwart macht.

Die Kirche hat die Worte Jesu »Das ist mein Leib …, das ist mein Blut …« in ganz schlichtem, zugleich realistischem und sakramentalem Sinn verstanden. In einem realistischen Sinn, denn Christus hat die Wahrheit gesagt und ist in der Eucharistie konkret real zugegen. In einem sakramentalen Sinn, denn seine Gegenwart ist nicht fleischlich wie die von uns. In der Eucharistie ist der verherrlichte Christus in seiner ganzen Person zugegen: Brot und Wein werden in den Leib und das Blut Christi verwandelt, dem Mysterium Gottes entsprechend.

Die Kirche vollzieht die Eucharistie, die Eucharistie vollzieht die Kirche. Weil im eucharistischen und kirchlichen »Leib Christi« vereint, sind die Getauften miteinander zu einer Einheit verbunden und können ihre Einheit nur zu vertiefen, zu erweitern und ganz zu vollenden suchen.

Deswegen können die getrennten Christen kein größeres Verlangen nach Einheit haben als das, eines Tages in ein und demselben Glauben und in ein und derselben Eucharistie vereint zu sein, die dann das Zeichen ihrer voll zustande gekommenen Einheit sein werden.

Leider wurde im Laufe der Geschichte die Einheit der Christen durch die Schuld der Menschen beeinträchtigt. Die ökumenische Bewegung, die nun in allen Teilen der Christenheit lebt, sucht die sichtbare Einheit des Glaubens und der Sakramente in der einzigen Kirche Christi wiederherzustellen. Diese Einheit besagt nicht Gleichförmigkeit, sondern organische Verbindung aller Teilkirchen in ihren gültigen Verschiedenheiten, sodass alle Getauften an ein und derselben Eucharistie teilhaben können.

Auferstehung der Toten und das ewige Leben

Das Glaubensbekenntnis spricht vom Aufenthaltsort der Toten, in den Christus zwischen seiner Kreuzigung und seiner Auferstehung hinabgestiegen ist. Die christliche Offenbarung hält sich jedoch in Bezug auf diesen anderen Aufenthaltsort zurück. Sie deutet ihn uns an in Bezug auf alle, die in Unkenntnis Christi starben, und um den allumfassenden Charakter der Heilsbotschaft zu bekunden.

Wenn Gott findet, dass für die Kirche die Zeit, das Evangelium auf der ganzen Erde zu verkünden, abgelaufen ist, wird Christus in Herrlichkeit sichtbar wiederkommen, um dieser Welt, wie wir sie kennen, ein Ende zu setzen.

Dann wird die gesamte Schöpfung zu ihrer Vollkommenheit gelangen, sodass man von einem neuen Himmel und einer neuen Erde sprechen kann. Gott wird darin sein Reich errichten, und wir werden ein glückseliges ewiges Leben führen können.

Ökumene-Rezensionen

Beim dritten ökumenisch-kirchlischen Studientag stellte man fest: Für die orthodoxen Kirchen blieb als namentliches Hindernis zur Einheit das Papstamt ...

Als zukunftsweisend für den Dialog wurde von römisch-katholischer Seite die Kirche als Mysterium und Heilssakrament durch Schrift und Kirchenväter bezeichnet. Für den evangelisch-lutherischen Ansatz gelte das Schriftprinzip als Mitte und Grenze ...

Der Vorsitzende der Ökumene-Kommission der Deutschen Bischofskonferenz zur Einladung für eine Interkommunion zum gegenwärtigen Zeitpunkt: Es geht um das Allerheiligste, und das kann und darf man nicht manipulieren. Es ist auch zu bedenken, zum jetzigen Zeitpunkt würde das eine tiefe Spaltung in der Christenheit hervorrufen ...

In den Beratungen zum Thema »Eucharistie und Kirchengemeinschaft« der Deutschen Bischofskonferenz heißt es in einer Arbeitshilfe: Manche Aussagen, die der Rat der evangelischen Kirche in Deutschland veröffentlicht hat, bleiben hinter dem Stand ökumenischer Konvergenz- und Konsensgespräche zurück, zum Beispiel bezüglich der Dimension der Realpräsenz und der Bedeutung des ordinierten Amtes ...

Ein katholischer Bischof hat vor glaubensgefährlichen Thesen zur Eucharistiefeier gewarnt. Es werde Front gegen die kirchliche Bindung der Eucharistie an die Vorherrschaft des Priesters gemacht: Diese verträten eine gemeinsame Mahlfeier, an der auch nicht christliche Religionen teilnehmen könnten. Solche Entwicklungen würden neuerdings auch theologisch zu untermauern versucht. Die Eucharistie sei jedoch die sakramentale Feier der Gegenwart des auferstandenen Christus bei seiner Kirche und brauche deshalb die liturgische Vorsteherschaft des geweihten Priesters ...

Ein Lehrschreiben des Papstes für die Weltkirche erscheint, das der Eucharistie gewidmet ist. Hinter allen Schwierigkeiten mit römischen Verlautbarungen zu Eucharistie, Laienpredigt, Zölibat oder Diakonenamt steckt grundsätzlich: Immer mehr geht das Gespür dafür verloren, was eigentlich Kirche ist. Wenn Jesus Christus das Abendmahl mit denen gefeiert hat, die mit ihm eins waren, kann kein römisches Lehramt aus der Eucharistiefeier als Sakrament der Einheit ein Gastmahl machen, zu dem man auch diejenigen einlädt, die den Glauben der dort Feiernden nicht teilen …

Das jahrzehntelange Wirken Bischof Paul-Werner Scheeles für die Einheit der getrennten Christen haben evangelische, katholische und orthodoxe Theologen in Würzburg auf einer Tagung gewürdigt: Anlässlich des 75. Geburtstages des Bischofs veranstaltete die Katholische Akademie Domschule Würzburg mit dem Johann-Adam-Möller-Institut Paderborn und der Katholischen Fakultät der Universität Würzburg ein ökumenisches Symposium. Man war der Meinung, nur wenn sich Ost- und Westkirchen annäherten, ließen sich die Probleme der westlichen Kirchenspaltung bewältigen. Herz und Mitte der Ökumene müsse die geistliche Ökumene sein …

Die geltende römisch-katholische Reflexion sagt zur Ökumene-Situation heute: Es ist falsch, Ökumene als eine Sache anzusehen, die man aushandelt, so wie man politische Kompromisse aushandeln muss. Vielmehr können und sollen die Konfessionen einander im ehrlich ringenden Dialog immer wieder korrigieren, von Einseitigkeiten befreien, immer neu von den Zeugnissen des Ursprungs her lernen und dabei sich näher kommen. Sie sollen in einer Welt, die weithin im Gottesdunkel lebt, Zeugen des lebendigen Gottes sein, der uns in Christus sein Angesicht zeigt. Den Rest dürfen und müssen wir getrost dem Herrn überlassen.

Schlusswort

Der Präsident des Lutherischen Weltbundes und Papst Franziskus gedachten am 31. Oktober 2016 im schwedischen Lund der Reformation. Es war das Ergebnis eines Gesprächsprozesses mit dem Päpstlichen Rat zur Förderung der Einheit der Christen unter Kardinal Koch, Rom. Das gemeinsame Dokument »Vom Konflikt zur Gemeinschaft« sollte das gemeinsame Tun für ein Christusfest 2017 zu 500 Jahre Reformation bewerkstelligen, damit Katholiken daran teilnehmen können.

Mit dem ökumenischen Patriarchat in Konstantinopel gibt es seit dem Zweiten Vatikanischen Konzil intensive geschwisterliche und freundschaftliche Beziehungen. Mit dem persisch-orthodoxen Patriarchen gab es dagegen erst eine erste Begegnung mit dem Papst, da die gemachten Erfahrungen sehr unterschiedlich sind. Kurienkardinal Kurt Koch nahm an der Begegnung des Papstes und Patriarch Kyrill 2016 auf Kuba teil.

Literaturanmerkungen

1   Karl Rahner Herbert Vorgrimler
    Kleines Konzilskompendium 2008
    Texte des zweiten Vatikanischen Konzils
    Übersetzer und Autoren:
    Karl Rahner SJ, Konzilstheologe, Professor für Dogmatik und Dogmen-
    geschichte in Innsbruck und Münster, Professor für christliche Weltan-
    schauung und Religionsphilosophie in München.
    Herbert Vorgrimler, Professor em. für Dogmatik und Dogmengeschichte
    in Münster.
    Verlag Herder GmbH, Freiburg im Breisgau

2   Deutsche Bischofskonferenz
    Katholischer Erwachsenen Katechismus
    Das Glaubensbekenntnis der Kirche 1985
    Verband der Diözesen Deutschlands, Bonn
    Verlag Butzon u. Bercker, Kevelar
    Don Bosco Verlag, München
    Verlag Katholisches Bibelwerk, Stuttgart
    Lahn Verlag, Limburg
    Verlag Friedrich Pustet, Regensburg
    Verlag Styria, Köln
    Ökumenisches Gutachten:
    Professor Dr. Wolfhart Pannenberg
    Verlage der Verlagsgruppe »engagement«

3   Max Thurian
    In Liebe zur Wahrheit
    Studium der evangelischen Theologie 1995
    Begründet zusammen mit Roger Schutz das ökumenische Kloster in
    Taizé (Burgund), das bald zu einem europäischen Jugendzentrum wird.
    1962 bis 1965 offizieller Beobachter am Zweiten Vatikanischen Konzil

in Rom. 1987 ist er in die katholische Kirche übergetreten, er wurde von Kardinal Ursi von Neapel zum Priester geweiht.

»Ich bin zu der Überzeugung gelangt, dass die Kirche der Väter die wahre ist, und dass diese heute in der Katholischen Kirche fortbesteht«, begründet er die Konversion.

Verlag Styria, Graz Wien Köln

4 Felix Hess
Kirche Gottes, wohin?
Aphorismen eines Laien 2004
Im Laufe des Studiums der Innenarchitektur Berufstätigkeit im Handwerk, Behörde und Industrie, mehr als 40 Jahre kirchliche Mitarbeit in der Pfarrgemeinde, im Kirchenvorstand, dem Pfarrgemeinderat, dem Verwaltungsrat und im Kommunionhelferdienst.
Stella Maris Verlag e. K., Augsburg

Register

Buchveröffentlichungen von Felix Hess

1   Heimatbroschüre
     Würges im Taunus – Kleine Dorfgeschichte
     Ammelung Druck, Bad Camberg (1985)

2   Kirche Gottes, wohin? Aphorismen eines Laien.
     Augsburg (2004)
     ISBN-3-934225-37-3

3   Familienbuch: Familiengeschichte (1900–2000)
     Druck: Fomanu, Neustadt (2013)

4   Glaube und (oder) Naturwissenschaft (?)
     BOD – Books on Demand, Norderstedt
     ISBN 378-3-7357-8401-8 (2014)

5   Das Jahrhundert des Chauvinismus,
     Relativismus, Genderismus (!)(?)
     BOD – Books on Demand, Norderstedt
     ISBN 978-3-7392-6517-9 (2016)

Über den Verfasser

Felix Hess, verheiratet, drei erwachsene Kinder,
Studium der Innenarchitektur an der Werkkunstschule
(Fachhochschule) Wiesbaden.
Tätigkeit: Handwerk, Behörde, Industrie,
40 Jahre kirchliche Mitarbeit in der
Pfarrgemeinde.

Dem Verfasser des Buches kam es nicht so sehr darauf an,
Vollkommenheit für sich zu beanspruchen, sondern eine
heutige Standortbestimmung aufzuzeigen.